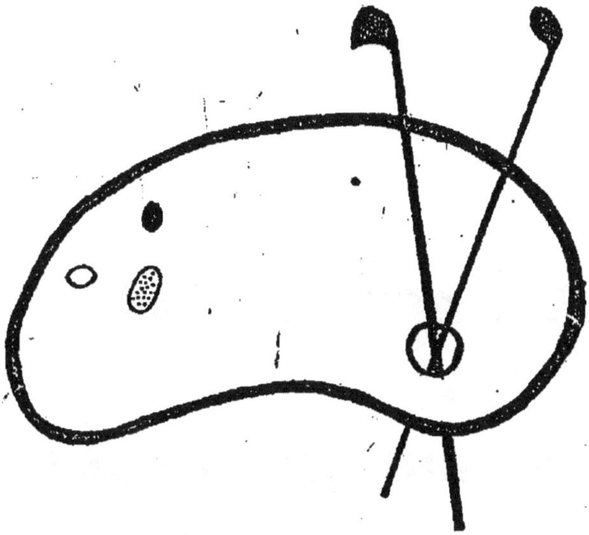

DEBUT D'UNE SERIE DE DOCUMENTS
EN COULEUR

[QUE]STIONS D'ÉCRITURE SAINTE

J. TOUZARD

Professeur à l'Institut Catholique
de Paris.

Comment utiliser l'Argument prophétique

BLOUD & Cie

[illegible] 599

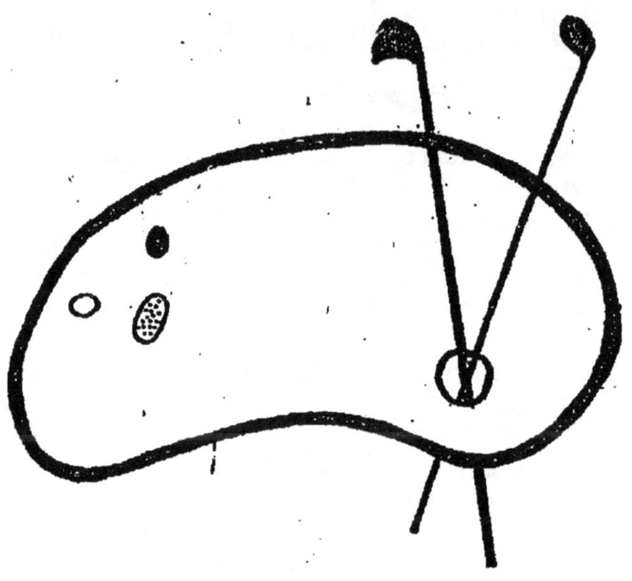

FIN D'UNE SERIE DE DOCUMENTS
EN COULEUR

COMMENT UTILISER
l'Argument Prophétique

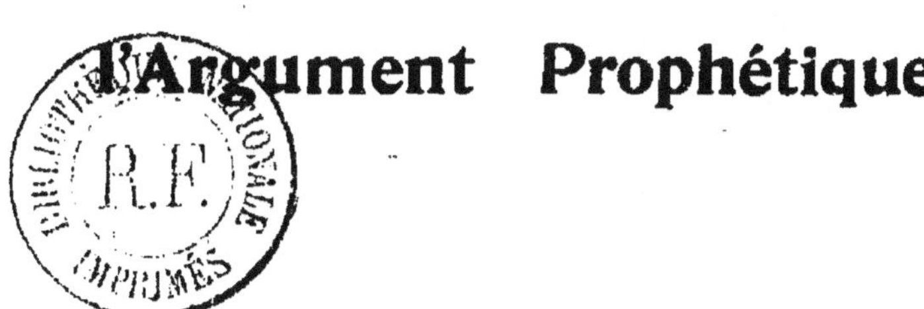

Questions d'Ecriture Sainte

Comment utiliser l'Argument Prophétique

PAR

J. TOUZARD

Professeur à l'Institut Catholique de Paris.

PARIS
LIBRAIRIE BLOUD ET Cie
7, PLACE SAINT-SULPICE, 7
1 ET 3, RUE FÉROU. — 6, RUE DU CANIVET
1911

DU MÊME AUTEUR

Le Livre d'Amos. 1 vol....................... **3** fr.

MÊME SÉRIE

BEURLIER (E.). — **Le monde juif au temps de Jésus-Christ et des Apôtres**.................... 2 vol.
BATIFFOL (P.). — **La Question biblique dans l'anglicanisme.** *(376)*.............................. 1 vol.
BROGLIE (A. DE). — **Les Prophéties messianiques,** préface par A. LARGENT. *(302-303)*. 2 vol..... **1** fr. **20.**
CALMES (Th.). — **Comment se sont formés les Evangiles.** *La Question synoptique. — L'évangile de saint Jean. (49)*..... .... 1 vol.
Qu'est-ce que l'Ecriture sainte ? *Les livres inspirés dans l'antiquité chrétienne. — Théorie de l'inspiration. (85)*................................. 1 vol.
L'Apocalypse devant la tradition et devant la critique. *(335)*........................... 1 vol.
CHAPON (Mgr). — **La critique traditionnelle et les Novateurs.** *(504)*......................... 1 vol.
CHAUVIN (C.). — **La Bible depuis ses origines jusqu'à nos jours.** 2 vol. se vendant séparément.
I. — *La Bible chez les Juifs. (91)*............ 1 vol.
II. — *La Bible dans l'Eglise catholique (92)*... 1 vol.
ERMONI (V.). — *La Bible et l'Orientalisme :* **La Bible et l'Egyptologie.** *(208)*.......................... 1 vol.
La Bible et l'Assyriologie. *(209)*............... 1 vol.
La Bible et l'Archéologie syrienne *(272)*.... 1 vol.
Jésus et la Prière dans l'Evangile. *(404)*..... 1 vol.
Saint Paul et la Prière. *(459)*................. 1 vol.
LEPIN (M.). — **Evangiles canoniques et Evangiles apocryphes.** *(446-447)*. 2 vol.............. **1** fr. **20**
PRAT (F.) . —**La Bible et l'Histoire**........... 1 vol.
MANGENOT (E.). — **Jésus, Messie et Fils de Dieu.** 1 vol.

NIHIL OBSTAT

Massiliis, die 23ª Januarii 1911.

A. Tanquerey,
censor deputatus.

IMPRIMATUR

Parisiis, die 24ª Januarii 1911.

H. Odelin,
v. g.

AVANT-PROPOS

Cette plaquette n'a rien d'un travail complet et définitif; c'est avant tout un article de circonstance.

Au mois d'octobre 1908, M. Bricout, voulant répondre à un défi, entreprit, dans la *Revue du Clergé Français,* la publication d'une série d'études sur les preuves traditionnelles de la vérité du catholicisme. La première monographie fut l'œuvre d'un jeune écrivain à la plume distinguée ; il s'agissait de *La valeur historique des Livres Saints.* Après lui, M. Lesêtre traita de *La valeur probante du Miracle ;* vint ensuite (1er décembre 1908) notre travail sur *les Prophéties de l'Ancien Testament.*

Depuis lors on nous a souvent demandé de faire éditer à part cette dissertation. Encouragé par le bon accueil qu'elle a reçu, surtout par l'usage, très flatteur pous nous, qu'un théologien universellement recommandé, M. Tanquerey, en a fait dans sa nouvelle édition du *De Verâ Religione,* nous croyons pouvoir accéder à ce désir. Puissent ces quelques pages être de quelque utilité aux jeunes apologistes auxquels nous les destinons !

COMMENT UTILISER
l'Argument Prophétique

I

Positions du Rationalisme
et de la Critique non-catholique.

Autant que les livres historiques, les livres prophétiques de l'Ancien Testament ont exercé la sagacité des critiques du XIXe siècle ; et sur l'un et l'autre terrain, l'exégèse a subi sensiblement les mêmes vicissitudes.

Franchement rationaliste d'abord, elle rejeta *a priori* toute prévision surnaturelle de l'avenir, toute prophétie au sens strict que prend ce mot dans le langage de la théologie. Les prédictions relatives aux faits de l'histoire juive — Isaïe, XL-LXVI, par exemple — furent déclarées d'une rédaction postérieure aux événements : un prophète du VIIIe siècle ne pouvait prédire, à plus de cent cinquante ans de distance, la fin de l'exil des Juifs à Babylone. Quant aux prophéties messianiques, on crut pouvoir réussir, à force d'interprétations, à en éliminer à peu près complètement l'annonce précise de l'avenir.

C'est une erreur — et elle se manifeste trop fréquemment dans certains livres de vulgarisation — de confondre avec ces premiers essais, animés d'un parti pris qu'on ne songeait pas à voiler, ceux qui dans la suite se firent jour. Une grande distance sépare les procédés critiques aujourd'hui en usage chez la plupart des exégètes étrangers à nos croyances, des méthodes avouées du rationalisme. Nous n'oserions pas dire que ce que l'on a appelé la peur du surnaturel n'exerce plus son influence : quand on manque d'une profession de foi bien précise, on se laisse aisément surprendre par le désir d'éliminer ce qui n'est admissible et explicable qu'en fonction d'une croyance religieuse très déterminée. Mais il faut le reconnaître : le souci de l'objectif, la préoccupation de faire œuvre purement scientifique, extra-confessionnelle et vraiment indépendante, paraissent réels chez un certain nombre des exégètes allemands ou anglais que l'on peut regarder comme représentant l'exégèse contemporaine, parmi les non-catholiques. Grâce à ces dispositions, grâce aussi aux méthodes rigoureuses qu'ils ont appliquées à leurs recherches, plusieurs de ces savants sont arrivés, dans le domaine de l'interprétation philologique et littéraire, à des résultats qui, pour être nouveaux, n'en ont pas moins obtenu l'attention de tous ceux qui s'occupent d'études bibliques.

Malgré ces changements d'attitudes, les conclusions de l'exégèse critique ne diffèrent pas toujours sensiblement des assertions de l'ancien rationalisme ; on n'est pas revenu à l'idée d'un seul auteur pour tout le « livre d'Isaïe » ; à beaucoup de prophéties relatives à des détails de l'histoire juive, on continue d'assigner des dates postérieures aux événements qu'elles étaient censées prédire; les oracles messianiques souffrent encore bien souvent d'interprétations qui en énervent la force.

Or les attaques de l'ancienne école rationaliste, articulées au nom de principes dont l'*a priori* ne faisait de doute pour personne, n'avaient que rarement enlevé aux croyants la confiance en la sécurité de leurs positions. Il n'en est pas de même de ces conclusions, émises au nom de la science pure, par des auteurs qui, indépendants de toute profession de foi, ont la prétention de n'en blesser aucune. Beaucoup de croyants se sont sentis ébranlés. La chose était inévitable. Sur le domaine des livres prophétiques, plus que sur beaucoup d'autres, ils étaient incapables de discuter les raisons alléguées en vue de bouleverser des thèses regardées comme acquises à tout jamais; bien plus, ceux qui devaient être leurs guides se trouvaient, à la suite des insuffisances multiples de l'enseignement scripturaire, dans l'impossibilité de venir à leur aide. D'autre part, ils voyaient certains exégètes catholiques s'engager plus ou moins avant dans les voies frayées par ceux du dehors. Et la question bien connue se posait : Était-ce donc la peine de se donner tant de mal pour réfuter l'erreur? Où s'arrêtera-t-on dans la voie des concessions? Elle se pose encore; c'est à la résoudre et à tranquilliser les consciences dont elle trahit l'inquiétude que nous voudrions consacrer ces lignes.

II

Positions de la Tradition catholique.

Rappelons en quelques mots les idées traditionnelles concernant les prophètes d'Israël.

Tout d'abord et comme le font tous ceux qui ont quelque connaissance de la Bible, les représentants de la Tradition considèrent les prophètes comme d'admirables réformateurs. L'âme toute pénétrée du plus pur idéal auquel pût s'élever la religion d'Israël, ces hommes de Dieu ont constamment prêché à leurs contemporains le relèvement moral et religieux. Bien plus : tout en condamnant les prévarications qui se donnaient libre cours autour d'eux, ils étaient convaincus que le Dieu unique, dont ils étaient les champions, ne pouvait se contenter du culte si imparfait qu'il recevait du seul peuple choisi ; c'est pourquoi ils orientèrent peu à peu les esprits des Juifs vers un avenir où Yahweh serait le souverain incontesté du monde entier, conquis à son nom et à sa loi ; ils créèrent cette attente messianique qui, devenant de plus en plus précise comme de plus en plus anxieuse, a fini par demeurer la caractéristique la plus frappante du peuple de Yahweh.

La Tradition va plus loin et se sépare bientôt de tous ceux qui, dans l'étude des prophètes, prétendent rester neutres en matière de croyances.

Les exégètes catholiques ne se contentent pas, en effet, de voir en cette œuvre admirable le produit d'intelligences élevées, entièrement dominées par la pensée religieuse. Ils croient au langage des prophètes et à leurs déclarations : ils les saluent comme des hommes auxquels Dieu s'est manifesté d'une façon très particulière, préparant en eux, selon le mot de l'Épître aux Hébreux (1), la manifestation dernière et unique qu'il devait faire de lui-même dans le Fils. Aussi, lorsque les prophètes déclarent que Dieu leur a parlé, les représentants de la Tradition entendent à la lettre ce témoignage ; ils attribuent à une véritable révélation divine ce que d'autres regardent comme le fruit du jeu normal des facultés naturelles.

Il est un terrain toutefois sur lequel les divergences s'accentuent bien davantage encore. A en juger par leurs écrits les plus authentiques, les prophètes ont eu la prétention, grâce aux lumières qui leur venaient d'en haut, de « voir les temps à venir, » d' « annoncer ce qui doit arriver dans toute la suite des temps, et les choses cachées longtemps avant leur accomplissement (2). » Même la conformité de l'événement avec la prédiction est présentée comme la marque, le signe, qui doivent accréditer la véritable prophétie et témoigner de son origine divine (3). La Tradition n'a jamais hésité à faire bon accueil à ces prétentions. Pour elle, les prophètes furent avant

(1) Hebr., I, 1.
(2) Eccli., XLVIII, 24 (à propos d'Isaïe).
(3) Deut., XVIII, 21, 22.

tout des voyants, dont les regards plongeaient jusque dans les profondeurs les plus lointaines, dont les cœurs étaient remplis d'espérances (1) ; et, si plusieurs des organes de la Tradition ont poussé trop loin le souci de trouver dans les écrits des prophètes la prédiction de l'avenir, l'excès même dans lequel ils sont tombés témoigne de la force du courant qui les entraînait.

En conformité avec les écrits prophétiques, la Tradition admettait deux séries de prédictions. Les unes avaient pour objet des faits spéciaux de l'histoire d'Israël ; les autres précisaient une foule de points relatifs à la grande attente messianique. Aux yeux des représentants de la Tradition comme au dire des hommes de Dieu, les premières de ces prophéties devaient être la garantie des secondes : à voir comment se réalisaient les oracles des prophètes relatifs à la vie de la nation, les Israélites devaient s'accoutumer à donner leur créance aux promesses qui, pour des dates plus lointaines et toujours reculant, annonçaient les splendeurs du règne de Dieu et de l'œuvre messianique.

Prenant leur origine dans la lettre même des écrits prophétiques, ces enseignements de la Tradition sont d'accord avec l'attitude d'Israël dans les temps qui précédèrent immédiatement la venue de Jésus-Christ ; c'était bien sur les prédictions des anciens prophètes que les Juifs faisaient reposer la ferveur de leur attente. D'ailleurs la

(1) Hébr., xi, 13.

Tradition chrétienne s'affirme à cet égard dès les origines les plus lointaines ; les Évangélistes, les autres auteurs du Nouveau Testament aussi bien que les Pères apostoliques et les Apologistes ont la constante préoccupation de montrer, dans la personne et l'œuvre de Jésus, l'accomplissement des antiques prophéties. Faut-il aujourd'hui renoncer à ces prétentions que, récemment encore, le concile du Vatican consacrait en un de ses chapitres sur *La Foi et la Révélation* ?

III

Prophéties relatives aux faits de l'histoire d'Israël.

Lorsqu'on parle des prophéties relatives à l'histoire juive, on ne songe souvent qu'à une seule d'entre elles : celle de la seconde partie du livre d'Isaïe (1), sur la fin de l'exil babylonien. Au VIIIe siècle (2) avant notre ère, à une date où l'on parlait à peine des Chaldéens, où toute l'attention se dirigeait vers leurs rivaux et leurs maîtres d'Assyrie, où l'on redoutait de ces derniers les pires extrémités, la prophétie du retour des Juifs captifs sur les bords de l'Euphrate constituait, à n'en pas douter, une de ces prédictions que l'on ne pouvait attribuer à aucun don de prévision humaine ; elle trahissait avec toute l'évidence possible l'intervention surnaturelle de Dieu. Mais voici qu'en dehors de l'Église catholique, les critiques s'accordent, avec une quasi-unanimité, pour repor-

(1) Is., XL-LXVI.

(2) Isaïe prophétisa dans la deuxième moitié du huitième siècle et peut-être aussi dans les premières années du septième. A son époque, l'Assyrie était en pleine prospérité ; c'est seulement en 606 qu'elle devait disparaître sous les coups des Mèdes et des Chaldéens. Ces derniers se développèrent rapidement à partir de cette date mais leur empire ne dura que jusqu'en 538 et fut détruit par Cyrus, roi des Perses. C'est alors que les Juifs, déportés par Nabuchodonosor soit en 598 soit en 587, furent autorisés à regagner leur pays.

ter au temps de Cyrus la composition de discours où l'on s'était accoutumé à croire que son nom avait été écrit près de deux siècles à l'avance (1). Et les raisons qu'ils allèguent ne sont plus tirées, comme au temps des anciens rationalistes, de l'impossibilité de la prédiction surnaturelle. Ils négligent ce point de vue ; ils s'appuient sur des considérations de linguistique ; ils font valoir que les conceptions théologiques qui se font jour dans la seconde partie d'Isaïe sont trop éloignées de celles qui dominent dans la première pour que l'une et l'autre puissent avoir un même auteur ; ils remarquent que le document lui-même ne se présente pas comme une prophétie faite longtemps à l'avance, mais que les discours s'adressent, ainsi qu'à des contemporains, aux Juifs exilés en Babylonie, répondent à leurs préoccupations, réfutent leurs craintes, tâchent de ranimer leur courage ; bref, Is., XL-LXVI, apparaît à leurs yeux, non comme une composition du VIIIe siècle, mais comme rédigé vers la fin de l'exil, à l'époque où déjà le nom de Cyrus remplissait toute l'Asie occidentale. Et ainsi s'évanouit, pensent-ils, la plus célèbre des prédictions prophétiques relatives à l'histoire d'Israël.

En vain essayerait-on de faire prendre en considération par des exégètes qui ne partagent pas notre foi les récentes décisions de la Commission biblique (2). Mais, même en se plaçant sur leur

(1) Cf. JOSÈPHE, *Antiquités*, XI, 1, 2.
(2) Cf. le décret émis le 29 juin 1908.

terrain pour le besoin de la discussion, se trouve-t-on dès lors absolument impuissant à faire valoir, aux yeux des savants du dehors, cette idée de la Tradition, que les prophètes ont prononcé des prédictions touchant des événements précis de l'histoire d'Israël ?

a) A s'en tenir aux documents d'une authenticité incontestée, il est absolument certain que les prophètes d'Israël ont prétendu avoir des clairvoyances très spéciales concernant l'avenir de leur nation, touchant l'issue de certains événements très particuliers ; il est non moins certain qu'ils ne se sont pas attribué la gloire de ces clairvoyances, mais qu'ils les ont publiées comme des communications qui leur venaient tout directement de la divinité. Si quelque argument pouvait mettre en lumière le bien-fondé de leurs assertions, ce serait assurément la constatation que ces hommes de Dieu ont vu ce que ne voyaient pas leurs contemporains, bien plus, que ce qu'ils ont vu était contraire aux idées de leurs contemporains, de ceux-là mêmes qui, par leur situation et leur ministère, paraissaient être les intermédiaires officiels de la divinité. Or c'est précisément ce qui est arrivé.

b) Ce qui frappe, lorsqu'on lit les prophètes en essayant de les « situer » dans le milieu où ils ont vécu, c'est qu'ils furent dans une antithèse à peu près constante avec le peuple, bien plus avec les prêtres de Yahweh, avec tout un groupe de prophètes qui se réclamaient du même Dieu, de la même religion qu'eux. Cet antagonisme eut souvent pour point de départ les prédications morales et religieuses de ces inspirés qui s'insurgeaient contre les abus d'un culte tout formaliste, source d'illusions pour la nation. Mais il arriva aussi que ces divergences et ces controverses eurent pour origine des jugements concernant l'avenir et les destinées historiques de la race. Le vulgaire et ses conseillers appréciaient les événements politiques selon les vraisemblances des mouvements qui constituent la vie des peuples ; de plus, ils se transmettaient d'âge en âge les promesses glorieuses de prospérité et de durée éternelle que Yahweh avait faites aux origines de la nation et de la royauté ; prêtres et prophètes aimaient à les redire et à entretenir le peuple dans l'optimisme ; ils ne voyaient pas ou ne voulaient pas voir que les changements qui s'étaient introduits dans la vie morale et religieuse d'Israël et de Juda étaient incompatibles avec les bénédictions divines. C'est à l'encontre de ces promesses que les vrais prophètes, se disant éclairés par Dieu seul, prononçaient leurs jugements, leurs prédictions, généralement sinistres ; et c'est à eux seuls que l'événement donnait raison. Pour quiconque ne refuse pas *à priori* de reconnaître l'action surnaturelle d'un Dieu révélateur, il y a, dans ces coïncidences des faits avec les prédictions, une preuve, digne d'être prise en considération, que les prétentions des prophètes étaient légitimes.

c) Quelques exemples rendront ces remarques plus palpables.

Depuis plus d'un siècle et demi, le schisme

politique et religieux avait séparé en deux principautés, toujours rivales, souvent ennemies, le puissant empire de Salomon. Après les premières difficultés, Israël, le royaume du Nord, avait vu, sous une série de rois habiles, sa prospérité grandir. Elle avait atteint son apogée avec le règne de Jéroboam II : nombreuses victoires, riches razzias, progrès de l'agriculture et jusqu'à un certain point de l'industrie, tout concourait à amener à Samarie l'abondance et la richesse. Le peuple se sentait en sécurité ; il avait pleine confiance en l'avenir ; prêtres et prophètes le persuadaient qu'en récompense de son zèle religieux, Yahweh le comblerait encore de faveurs nouvelles. Or, voici qu'au milieu de toutes ces splendeurs, Amos, seul contre tous, entonne les chants de deuil et les lamentations, annonce la fin imminente de la dynastie régnante (1) ; il voit dans la puissance assyrienne, qui commence à sortir d'une longue léthargie, l'instrument de la colère divine pour la punition du peuple coupable (2) ; Israël touche à sa fin (3) ; son territoire va être envahi, partagé au cordeau (4), pendant que ses habitants vont suivre le chemin de l'exil (5).

Seul contre tous et en dépit des apparences, le prophète avait vu juste. Amos prophétisait dans les derniers temps de Jéroboam II ; or le fils et

(1) Am., VII, 9, 11.
(2) Les Assyriens ne sont pas nommés à la vérité, mais ils sont clairement désignés, en des passages tels que V, 27, VI, 14.
(3) Am., VIII, 1, 2.
(4) Am., VII, 17.
(5) Am., IV, 2, 3 ; V. 27.

successeur de ce monarque ne régna pas une année ; il périt victime de l'une de ces conspirations meurtrières qui, pendant vingt-cinq ans que vécut encore Israël, intervinrent quatre fois pour la succession de ses princes. Cependant que les ferments de dissolution accomplissaient leur œuvre au sein du malheureux peuple, l'Assyrie paraissait menaçante dans l'Asie occidentale. Toutes les petites principautés qui, la veille encore,se disputaient les unes aux autres quelques lambeaux de territoire, comprirent la gravité du danger et se demandèrent comment le conjurer. On parlait de la soumission au conquérant comme de l'unique moyen d'éviter les pires extrémités. Mais un plus grand nombre prônait une vaste coalition qui, en s'appuyant sur l'Égypte, serait assez forte pour arrêter la marche de l'envahisseur. Ces divergences de vues se retrouvaient en Israël, car à cette heure suprême on ne songeait qu'aux moyens humains (1). Mais un nouveau prophète avait pris la succession d'Amos. Osée se moquait de ce pauvre peuple « devenu comme une colombe simple et sans intelligence ; » il avait pitié de le voir tour à tour invoquer l'Égypte, puis aller en Assyrie (2). Pour lui, il savait, de révélation divine, que toutes les combinaisons de la politique étaient impuissantes à conjurer l'irrévocable arrêt : « Samarie sera punie, parce qu'elle

(1) C'est ainsi que Phacée, l'avant-dernier roi d'Israël, fit cause commune avec Rason de Damas et que tous deux voulurent entraîner Juda dans leur entreprise. Quant au dernier roi de Samarie, Osée, il implora le secours de l'Égypte.

(2) Os., VII, 11.

s'est révoltée contre son Dieu ; ses habitants tomberont par l'épée ; leurs petits enfants seront écrasés, et l'on fendra le ventre de leurs femmes enceintes (1). » On sait comment, en dépit de la résistance si courageuse de la cité, les événements de 722 donnèrent enfin raison au prophète.

d) De telles interventions n'étaient pas plus rare en Juda qu'en Israël, et elles y prirent à l'occasion des formes beaucoup plus précises.

Le grand prophète de Juda, au VIIIe siècle, se trouve d'abord en présence des mêmes illusions qu'Amos avait rencontrées en Israël. Sous le règne de Joatham, au moment où commençait la décadence du royaume du Nord, son rival, Juda, entrait à son tour dans une ère de progrès et de prospérité. Isaïe ne se laissa pas éblouir : au milieu de la confiance générale, il déclara que bientôt Yahweh, mécontent des crimes de son peuple, aurait son jour « contre tout orgueil, et contre tout ce qui s'élève, pour l'abaisser » (2).

Il sembla bientôt que cet oracle allait se réaliser d'une façon plus terrible que ne le croyait le prophète. Ce fut pour l'homme de Dieu l'occasion de se prononcer avec la dernière précision sur les événements. Lorsque le roi d'Israël et ses voisins voulurent organiser contre l'Assyrie l'une des coalitions dont nous parlions plus haut, Joatham de Juda refusa d'y prendre rang. Phacée de Samarie et Rasin de Damas résolurent d'obtenir

(1) Os., XIV, 1.
(2) Is., II, 12.

par la force ce que la persuasion avait été impuissante à gagner ; ils se coalisèrent contre le successeur de Joatham, Achaz. Les livres des Rois et surtout des Chroniques nous ont conservé le récit de cette invasion dévastatrice (1). Et l'on comprend le langage dont se sert le livre d'Isaïe pour peindre la terreur du souverain : « Le cœur du roi et le cœur de tout son peuple furent agités comme les arbres de la forêt sont agités par le vent (2). » Achaz résolut de recourir à ce roi d'Assyrie dont le nom était si redouté de ses ennemis. Mais Isaïe tenta de s'opposer à ce dessein qui constituait un manque de confiance en Dieu et avait le grave inconvénient de mêler le puissant monarque aux affaires du pays. Il alla à la rencontre d'Achaz et commença par lui révéler le néant de l'entreprise des ennemis : « Prends garde, tiens-toi tranquille et ne crains point, que ton cœur ne défaille point devant ces deux bouts de tisons fumants ;... pareil dessein n'aura pas d'effet, cela ne sera pas (3). » En même temps le prophète réclame foi et confiance en Yahweh : « Si vous ne croyez pas, vous ne subsisterez pas (4). » Puis au souverain sceptique, il donne des signes marquant la date à laquelle le danger aura disparu : « Avant que l'enfant — il s'agit de l'Emmanuel, fils de l'Almah (5) — sache rejeter le mal et choisir le bien,

(1) II Reg., XVI, 5, 6 ; II Chron., XXVIII, 5-15 17-19.
(2) Is., VII, 2.
(3) Is., VII, 5, 7.
(4) Is., VII, 9.
(5) Tout en regardant cette prophétie comme messianique au sens littéral, beaucoup d'exégètes disent qu'au vers. 16, Isaïe se met dans l'hypothèse où le Messie naîtrait à son époque.

le pays dont les deux rois t'épouvantent sera dévasté (1). » Et : « Avant que l'enfant — il s'agit ici de Maher-Schalal-Chasch-Baz, fils du prophète — sache crier : « Mon père, ma mère ! » on portera les richesses de Damas et les dépouilles de Samarie devant le roi d'Assyrie (2). » De fait en 733 — Achaz avait commencé de régner en 735 — Téglath Phalazar s'emparait de Damas et réduisait à quelques cantons le royaume d'Israël.

En prêchant à Achaz la confiance en Dieu, Isaïe voulait l'empêcher de recourir à l'Assyrie ; il ne manquait pas de la lui signaler comme l'ennemi de tous le plus redoutable : « Parce que ce peuple a méprisé les eaux de Siloé qui coulent doucement,... voici que le Seigneur va faire venir sur eux les eaux du fleuve, fortes et profondes, le roi d'Assyrie et toute sa puissance ; il s'élèvera partout au-dessus de son lit... il pénétrera en Juda, il débordera, il inondera, etc. (3). » Les événements allaient vite justifier la parole du prophète. Il n'entre pas dans notre cadre de dire tout ce que Juda eut à souffrir des Assyriens. L'épisode que nous voulons signaler se rapporte au temps de Sennachérib. Les livres des Rois et des Chroniques, aussi bien que celui d'Isaïe (4), nous racontent avec détails la fin de cette campagne qui parut devoir être irrévocablement fatale au petit royaume. Tout d'abord, Isaïe fit voir dans

(1) Is., VII, 16.
(2) Is., VIII, 4.
(3) Is., VIII, 6-8.
(4) II Reg., XVIII, XIX ; II Chron., XXXII ; Is., XXXVI, XXXVII.

les maux qui fondaient sur Juda le châtiment des crimes du peuple. En contemplant le pays devenu comme un désert, ses villes consumées par le feu, son sol dévoré par l'étranger (1), le prophète se souvenait de toutes les prévarications qui souillaient la vie morale et religieuse de Juda (2), il se demandait où, pour des crimes nouveaux, Yahweh pourrait encore frapper ce malheureux qui, de la tête aux pieds, n'avait plus rien de sain (3). A mesure que le danger devenait plus pressant, le prophète se moquait des mesures prises en vue d'assurer la défense de la ville (4). Il n'y avait qu'un moyen de conjurer les derniers coups de la vengeance divine : « pleurer et se lamenter (5) », faire pénitence ; Yahweh était prêt à effacer tous les crimes (6). La parole prophétique obtint sans doute quelque résultat. Toujours est-il qu'au moment où tout semblait à jamais perdu, où, selon ses propres paroles, Sennachérib avait enfermé Ezéchias dans Jérusalem comme un oiseau dans une cage (7), Isaïe s'éleva contre les prétentions orgueilleuses du monarque qui s'attribuait à lui-même ses succès et sans reconnaître la main de Yahweh qui le conduisait (8). Puis, en réponse à une consultation d'Ézéchias, il prononça ces paroles fameuses :

(1) Is., I, 7.
(2) Is., I, 10-17.
(3) Is., I, 4-6.
(4) Is., XXII, 8-11.
(5) Is., XXII, 12.
(6) Is., I, 18.
(7) Cf. Schrader, *Keilinschriftliche Bibliothek*, tome II, p. 94.
(8) Is., X, 5-19 ; XXXVII, 21-29.

Ainsi parle Yahweh au sujet du roi d'Assyrie :
Il n'entrera pas dans cette ville,
il n'y lancera pas de flèche ;
il ne tournera pas contre elle son bouclier
et il n'élèvera pas de retranchements contre elle ;
il s'en retournera par le chemin par lequel il est venu,
et il n'entrera pas dans cette ville, dit Yahweh (1).

« Et, ajoute le texte sacré, d'accord avec le récit délibérément très sobre du monarque lui-même, Sennachérib, roi d'Assyrie, ayant levé son camp, partit et s'en retourna, et il demeura à Ninive (2). »

e) Il nous serait aisé de multiplier ces exemples, nous n'en ajouterons qu'un seul emprunté aux temps de l'exil babylonien. Nous pouvons facilement nous faire une idée de l'état d'esprit des Juifs déportés sur les bords de l'Euphrate et de ses canaux. Le psaume *Super flumina Babylonis* (3) nous fournirait déjà quelques traits : mais nous avons des témoignages plus précis. A mesure que les convois des captifs arrivaient en Babylonie, nombre de Juifs eurent vite fait de renoncer aux espérances religieuses et nationales et, adoptant la Chaldée comme une nouvelle patrie, de donner libre cours à leurs goûts pour le commerce et le négoce. Quant à ceux qui, attentifs aux prédications des prophètes, prenaient conscience que sur eux reposait l'avenir de la race, leur mentalité subit de singulières vicissitudes. Après le pre-

(1) Is., XXXVII, 33, 34.
(2) Is., XXXVII, 37.
(3) Ps. CXXXVII.

mier siège de Jérusalem en 597, le plus grand nombre d'entre eux ne vit dans le revers qu'un de ces coups passagers, inséparables des fortunes de la guerre ; il fallut que les prophètes, Jérémie par ses lettres (1), Ezéchiel par ses discours (2), s'appliquassent à les persuader que la mesure des châtiments n'était pas remplie et que des désastres plus définitifs devaient fondre sur le peuple infidèle. Mais, après la grande ruine de 586 et tandis que les années d'exil se multipliaient, un grand découragement s'empara des âmes. Ézéchiel en résume en quelques mots l'expression : « Nos ossements sont desséchés, notre espérance est morte, nous sommes perdus ! (3) » C'est à cet état d'esprit que répond pareillement Is. XL-LXVI ; le prophète s'y applique, à maintes reprises (4), à dissiper les craintes, à réfuter les objections, à ranimer le courage et la confiance des exilés (5). En effet pendant que ceux-ci se désolaient et pensaient que tout était fini, les prophètes avaient des certitudes de résurrection : Ézéchiel annonçait avec enthousiasme la vision de la grande plaine, couverte d'ossements qui se rapprochent, que des nerfs recouvrent et qui, secoués par l'esprit de Dieu, reviennent à la vie (6). Et dans la deuxième partie du livre d'Isaïe,

(1) Jer., XXIX, 4-32.
(2) Ez., IV, 1-V, 10 ; VII.
(3) Ez., XXXVII, 11.
(4) Is., XLIII, 1 ; XLIV, 2, etc.
(5) Il n'est pas d'ailleurs sans intérêt de remarquer qu'aux termes mêmes du décret de la Commission biblique, la deuxième partie du livre d'Isaïe est destinée, non aux contemporains d'Isaïe, fils d'Amos, mais aux contemporains des derniers temps d'exil.
(6) Ez., XXXVII, 1-14.

le prophète saluait en Cyrus le libérateur de son peuple (1). Dieu avait fait contempler à ses deux représentants les merveilles qu'en 536 il devait réaliser en faveur de Juda (2).

f) Après cet exposé, il nous semble que l'on peut encore maintenir, en présence des exigences de la critique contemporaine, les données de la Tradition concernant les prédictions des prophètes relatives à l'histoire d'Israël. Il s'agit bien de prédictions au sens strict du mot : les prophètes n'avaient aucunement l'idée d'émettre des vues plus ou moins précises sur l'avenir ; ils entendaient déclarer, avec toute la certitude possible, ce qui devait arriver. Leurs auditeurs ne comprenaient pas autrement leur dire ; et quand leurs contradicteurs les interpellaient ou les dénonçaient, c'était en déclarant que leurs prédictions — véritables prédictions — ne venaient pas de Dieu (3). Les prophètes en effet avaient la prétention de prononcer ces oracles au nom de Yahweh lui-même, de faire connaître des confidences divines, et nullement d'exposer leurs propres convictions ; plus encore que le désaccord de leurs oracles avec l'opinion populaire, la conformité constante et parfaite des faits avec les prophéties témoigne de cette origine surnaturelle.

On se représente aisément quel prestige les prophètes acquéraient aux yeux des foules, et

(1) Is., XLI, 25-29 ; XLIV, 24-XLV.
(2) Cf. Esd., I-VI, le récit des premiers temps de la restauration.
(3) Am., VII, 10, 11 ; Jér., XXVI, etc.

particulièrement de leurs disciples, lorsque les événements venaient ainsi confirmer leurs oracles. Alors, plus que jamais, ils apparaissaient comme des hommes de Dieu, conversant avec lui, initiés à ses plus sublimes secrets ; alors aussi, leur parole était considérée comme digne de toute créance. Les disciples et le peuple se souvenaient surtout de cette autorité lorsque, aux heures de triomphe ou de désastre, les prophètes voulaient diriger les espérances vers ces temps du règne universel de Yahweh, dont la gloire éclipserait les splendeurs actuelles, dont les joies feraient oublier toutes les tristesses du présent. Mais, de ces prophéties elles-mêmes, relatives aux âges messianiques, que faut-il penser ?

IV

Prophéties messianiques.

1. *La préoccupation du sens littéral chez l'apologiste.*

La question, il est bon de se le rappeler, se pose en ces termes : Peut-on signaler, dans la personne, la vie et l'œuvre de Notre-Seigneur Jésus-Christ, des traits qui apparaissent avec évidence comme la réalisation de prédictions précises, faites par les anciens prophètes d'Israël ?

Avant d'aborder la solution du problème, quelques remarques sont nécessaires.

1° Tout d'abord il ne peut être question que de prophéties prises au sens littéral. Sans doute l'on peut et l'on doit admettre que l'événement a de beaucoup dépassé les espérances et les promesses. Ne contemplant les réalités et ne les saluant que de loin, les prophètes n'ont vu avec clarté que certains traits du tableau ; ils n'ont pas toujours aperçu comment ces éléments s'unissaient et s'harmonisaient ; et dans les contours plus ou moins brumeux, ils n'ont fait qu'entrevoir des lueurs confuses. Tout cela est vrai ; mais il n'est pas moins certain que les hommes de Dieu avaient une réelle intelligence de ce qu'ils disaient lorsqu'ils décrivaient tel ou tel détail sur lequel la lumière divine de la révélation se projetait avec plus d'éclat.

Il importe, en conséquence, lorsqu'on veut se prononcer sur l'accomplissement d'un oracle antique, d'en préciser le sens selon les rigueurs de la critique. De ce point de vue, l'apologiste a le devoir de se montrer bien plus exigeant que le théologien. Travaillant pour ceux qui déjà ont donné une pleine adhésion à la foi catholique, le théologien a une obligation moins stricte de tracer la ligne de démarcation entre le sens propre d'un texte, tel qu'il découle de la lettre, et les significations secondaires dont l'exégèse traditionnelle a pu l'enrichir ; Écriture et Tradition ont, à ses yeux, sensiblement la même valeur pour la détermination et la précision de ce que le croyant doit admettre. La situation de l'apologiste est tout autre ; il s'adresse à des âmes qui ne partagent pas notre foi ; il ne doit en conséquence user de l'Écriture pour son argumentation que selon le sens le plus strictement littéral.

Ce n'est donc pas dans une version, si vénérable soit-elle, mais dans le texte original, qu'il doit prendre les éléments de sa démonstration. De ce fait il lui arrivera d'éliminer de telles ou telles dissertations des « oracles » qui s'y étaient glissés très illégitimement. Tels des textes fameux : *Gene-*

rationem ejus quis ennarabit (1), dans lequel plusieurs Pères ont vu une allusion à la génération éternelle et ineffable du Verbe incarné (2) ; *In medio duorum animalium innoctesceris* (3), que l'ancienne Vulgate reproduisait des Septante (4) et que les Pères, la liturgie elle-même, appliquaient à diverses circonstances de la vie de Notre-Seigneur, mais particulièrement à la crèche (5) ; *Sepulchrum ejus erit gloriosum* (6), souvent interprété comme la prophétie des gloires du tombeau de Jésus ressuscité (7).

Pareillement l'apologiste, placé en présence du texte original, devra prendre garde de ne point se contenter du sens qu'une phrase biblique peut présenter en elle-même ; il lui faudra se préoccuper, comme d'un élément très important pour la reconstitution du sens littéral, de la lumière que le contexte peut projeter sur le passage en question. De ce chef encore, plusieurs textes souvent cités devront être exclus d'une argumentation qui ne veut être qu'entièrement rigoureuse. On n'appliquera plus à la Passion de Notre-Seigneur ce passage bien connu : *A planta pedis*

(1) Is., LIII, 8.
(2) Il s'agit en réalité de la « génération », c'est-à-dire des contemporains du Serviteur de Dieu ; le mot hébreu *dôr* s'emploie en ce sens, mais n'évoque pas l'idée d'origine ; cette idée est exprimée par les dérivés d'une autre racine, *yâlad*.
(3) Hab., III, 2.
(4) Le texte porte : *Au milieu des années*, c'est-à-dire dans le cours des âges, *fais-la* (ton œuvre, dont il vient d'être parlé) *connaître*.
(5) Cf. l'exposé de ces divers sens dans S. Cyrille d'Alexandrie (*P. G.*, t. LXXI, col. 897) et S. Jérôme (*P. L.*, t. XXV col. 1309).
(6) Is., XI, 10.
(7) Il s'agit en réalité du séjour terrestre du Messie.

ticem capitis non est in eo sanitas (1). ...ion est sans doute conforme à l'original, ma... contexte montre, jusqu'à l'évidence, que l'on est en présence d'une personnification d'Israël frappé par Dieu pour le châtiment de ses crimes. Il faudra pareillement bannir cet autre passage, lui aussi appliqué à la Passion : *Quid sunt plagæ istæ in medio manuum tuarum ? His plagatus sum in domo eorum qui diligebant me* (2). Bien qu'ici encore la traduction soit littérale, il est difficile d'imaginer une application plus détournée. Le contexte auquel ce texte se rattache (3) est une prédiction relative aux temps messianiques. L'un des grands bienfaits de cette ère de bonheur sera la disparition de ces faux prophètes qui ont tout fait pour illusionner le peuple : « En ce jour-là, dit Yahweh des armées, j'ôterai du pays les prophètes et l'esprit d'impureté (4). » Ceux qui subsisteront auront honte de leur métier et chercheront à donner le change : « En ce jour-là les prophètes auront honte de leur vision quand ils prophétiseront, et ils ne revêtiront plus le manteau de poil pour mentir ; chacun d'eux dira : Je ne suis pas prophète, moi ; je cultive la terre, car on m'a acheté dès ma jeunesse (5). » Mais il y en aura qui ne pourront dissimuler les incisions qu'ils se seront faites à certaines heures de leur enthousiasme fébrile ; c'est alors qu'on leur posera

(1) Is., 1, 6.
(2) Zach., XIII, 6.
(3) Zach., XIII, 1-6.
(4) Cf. vers. 2.
(5) Cf. vers 4, 5.

la question : *Quid sunt plagæ istæ in medio manuum tuarum ?* Et alors, pour mieux cacher leur ancien état, « ils inventeront une rixe sanglante dans un lieu de réjouissance, où ils auront été battus par des compagnons d'aventure (1) » *His plagatus sum in domo eorum qui diligebant me.* Peu de cas mettent autant en évidence la nécessité, pour quiconque veut avoir le vrai sens d'un texte, de le bien situer dans son contexte.

2° Le souci du sens littéral doit être poussé par l'apologiste jusqu'à l'exclusion, non seulement du sens accommodatice, sens que nous donnons nous-mêmes à l'Écriture, mais jusqu'à l'exclusion du sens spirituel, qui pourtant est un sens véritable du texte sacré.

Voici comment saint Thomas s'explique à ce sujet : « L'Auteur des êtres peut non seulement se servir des mots pour exprimer une chose, mais il peut disposer les choses elles-mêmes pour qu'elles en figurent d'autres *(etiam res potest disponere in figuram alterius)*, et ainsi dans la sainte Écriture la vérité se manifeste en deux manières : d'une manière en ce que les choses sont exprimées par les mots, c'est le sens littéral ; d'une autre manière en ce que des choses sont figures d'autres choses, c'est le sens spirituel (2). » On peut dire ainsi que Joseph, Jérémie sont des figures du Christ, signa-

(1) Cf. la Bible de Crampon, petite édition, note *in locum.*
(2) S. Thomas, *Quodlibet*, VIII, q. VI, a. 16. Cf. notre article sur l'*Argument prophétique*, dans *Rev. prat. d'apolog.*, 15 oct. 1908, p. 81-84.

ler dans le passage de la mer Rouge une figure du salut procuré par le Rédempteur, etc.

Rien en cette conception qui ne soit très légitime, et parfaitement digne de l'adhésion du croyant pour lequel l'inspiration des Écritures, le caractère central de l'œuvre messianique en l'histoire du monde ne sont pas de vaines formules. Mais on le conçoit, l'apologiste ne peut proposer ces théories à ceux qu'il s'agit de gagner d'abord aux dogmes les plus fondamentaux de la religion chrétienne. Tout au plus — et avec mille précautions — pourrait-il signaler, en appendice aux prophéties littérales, ceux des sens spirituels dont la manifestation apparaîtrait comme sûrement antérieure à la venue du Christ : ceux-là, du moins, auraient à leur manière le caractère de prédictions antérieures à l'événement.

3° L'apologiste doit encore renoncer au procédé d'argumentation qui, de prime abord, paraîtrait le plus simple et le plus naturel : reproduire la discussion des Évangélistes et des Apôtres, en mettant en avant les textes dont ils se sont eux-mêmes servis. En effet, à côté d'applications conformes au sens littéral des documents, ou en harmonie visible avec le sens spirituel des faits, on en trouverait qu'il serait plus malaisé d'expliquer. Un exemple, mieux que tout le reste, fera comprendre cette remarque. L'Épître aux Hébreux débute par un prologue (1) dont le but est de prouver, à l'aide

(1) I, 5-14.

de textes de l'Ancien Testament, la « messianicité » et la divinité de Jésus-Christ. Or, parmi ces textes, qui sont tous allégués de la même façon, il en est qui sont messianiques au sens littéral; tels ceux empruntés aux Ps. II (1), CX (2), et peut-être XLV (3). D'autres ne s'appliquent au Messie que selon un sens secondaire et spirituel. Au sens littéral l'un de ces textes, le passage extrait du Ps. CII (4) se rapporte à Yahweh lui-même. Un autre (5), entendu ici du Christ, est tiré du discours adressé à Salomon par le prophète Nathan au nom de Yahweh. Dans un cas enfin, l'adaptation messianique n'est possible que grâce à une leçon propre aux Septante (6). Il est évident que l'apologiste ne peut faire usage de tous ces textes indistinctement.

2. *L'argument général de la préparation messianique.*

Nous avons assez longuement insisté sur ces précautions d'ordre purement négatif; il en est d'autres qui vont plus directement à l'objet précis qui nous occupe.

(1) Ps. II, 7 ; Ep. Hebr., I, 5 : « Tu es mon fils, aujourd'hui je t'ai engendré. »

(2) Ps. CX, 1 ; cf. Hebr., I, 13 : « Assieds-toi à ma droite, jusqu'à ce que je fasse de tes ennemis l'escabeau de tes pieds. »

(3) Ps. XLV, 7, 8. ; cf. Heb., I, 8, 9.

(4) Ps. CII, 26-28 ; cf. Hebr., I, 10-12.

(5) II Sam., VII, 14 ; cf. Hebr., I, 5.

(6) C'est au vers. 6. « Et lorsqu'il introduit de nouveau dans le monde le Premier-né, il dit : Que tous les anges de Dieu l'adorent. » Le texte est emprunté à la traduction grecque du Ps. XCII, 7 Même dans la traduction, il est aisé de constater qu'il s'agit, au sens littéral, de Yahweh, non du Messie. Mais, dans le texte original, ce sont non les anges mais les faux dieux, qui tous se prosterneront devant Yahweh.

Pour donner à la preuve prophétique une plus grande force de persuasion, on aura tout avantage à la rattacher à un fait d'une plus grande ampleur et d'une constatation plus aisée : le fait de la préparation messianique. Il s'agit de montrer que, dans le plan divin, la religion d'Israël a eu pour principale raison d'être de préparer le christianisme ; que, par contre, la religion chrétienne apparaît comme le complément que, de par la disposition divine elle-même, le Judaïsme postulait.

1° Établir que la religion d'Israël est la divine préparation de celle du Christ, c'est prouver, tout d'abord, que le judaïsme porte en lui-même les marques de son origine surnaturelle. Pour être en mesure de saisir une telle démonstration, il faut au préalable reconnaître que Dieu peut parler et se manifester aux hommes, non seulement par l'intermédiaire des créatures, mais encore, lorsqu'il lui plaît, d'une façon toute directe et immédiate. Quiconque aura reconnu cette possibilité, admettra facilement que, occupant, par sa transcendance même, une place unique dans la série des anciennes religions, le Judaïsme a, plus qu'aucune autre, le droit de se réclamer d'une provenance toute divine. Notre intention n'est pas de développer ici les preuves de cette assertion (1),

(1) En attendant notre livre sur *les Prophètes d'Israël*, on peut consulter les travaux que nous avons déjà publiés dans la *Revue pratique d'apologétique* : 15 septembre 1908, *L'argument prophétique : la préparation messianique* ; — 15 octobre 1908 et 15 février 1909 *L'argument prophétique : les prédictions relatives à la personne du Christ et à son œuvre*.

mais simplement d'indiquer les méthodes d'exposition qui nous paraissent les plus aptes à atteindre le but que l'apologiste se propose.

2e Or ce qui peut mettre en relief la transcendance du judaïsme, c'est avant tout son contenu moral et religieux.

a) A sa base, une notion de Dieu si parfaite qu'à défaut d'une proclamation explicite de l'unité divine, elle mettrait Yahweh trop haut au-dessus des autres dieux pour qu'ils puissent se mesurer avec lui. Signalons, en particulier et à côté du dogme fondamental du Dieu unique (1) : ce que les prophètes nous disent de la sainteté (2), de la justice (3), de la bonté (4) de Yahweh ; le soin avec lequel ils ont mis en relief sa personnalité (5), ne voulant à aucun prix que le dévot israélite se trouve en présence d'une abstraction. De tous ces enseignements il en est peu que le christianisme n'ait purement et simplement adoptés.

b) La notion de religion qui découle des écrits prophétiques n'est pas moins digne d'attirer

(1) La plupart des exégètes font aujourd'hui remonter jusqu'à Moïse une première affirmation telle quelle du monothéisme. Tous conviennent qu'au temps d'Amos, Yahweh est bien le Dieu de toutes les nations puisqu'il les juge à son gré (Am., I, II), qu'il en dirige tous les mouvements (Am., II,1 3-16 ; VI, 14), après avoir présidé à leurs origines et à leur développement (Am., IX, 7).

(2) Is., VI, 2-6, etc.

(3) C'est sur cet attribut qu'Amos insiste davantage ; I, 2-II, 16 ; III, 9, 10 ; IV, 1 ; V, 10, etc.

(4) Os., XI, 8, 9, etc.

(5) Elle éclate dans le relief que les prophètes donnent à l'action divine, dans la manière dont ils expriment les sentiments de Yahweh, jusque dans les anthropomorphismes à l'aide desquels ils rendent leur pensée plus sensible ; il faudrait citer tous les écrits prophétiques.

l'attention. Les hommes de Dieu n'ont qu'une voix (1) pour poser comme condition de tout rapport avec Yahweh la pratique du programme de justice et de morale qu'il propose à ceux qui veulent le suivre, disons mieux, qui découle de sa nature même. Chaque prophète commente à sa façon la parole divine : Soyez saint comme je le suis et parce que je le suis (2). Du culte extérieur ils ne sont aucunement les adversaires, ainsi qu'on a voulu le prétendre. La preuve en est dans ce fait que le mouvement prophétique compte, entre ses principaux aboutissants, ce que l'on pourrait appeler un programme de réforme cultuelle (3). Mais pour eux le culte extérieur, isolé du reste, n'est rien, et, quand le reste fait défaut, quand la base manque, n'est qu'un fantôme et une illusion (4) ; il ne vaut qu'à titre d'expression extérieure des sentiments du dedans. Par ailleurs, les prophètes ont ouvert la voie aux mouvements les plus exquis du mysticisme. Maintenant toujours très exacte la distinction du Dieu personnel et de l'âme qui s'épanche en son sein, ils ont fait de la prière cet entretien cœur à cœur où le fidèle expose à Celui qui est son créateur et presque son père, ses préoccupations du moment, ses sentiments les plus intimes, ses très humbles demandes, mais très confiantes, de secours proportionnés à ses besoins (5).

(1) Cf. Am., v, 21-24 ; Os., vi, 6 ; Is., i, 10-17, etc.
(2) Lev., xix, 2.
(3) Ez., xl-xlviii.
(4) Cf. Am., v. 21-24 ; Os., vi, 6 ; Is., i, 10-17 ; Jér. vii, 2-15.
(5) Les prières que Jérémie lui-même profère au cours de sa mission sont particulièrement remarquables à cet égard : Jer., iv, 10 ; vii, 16 ; viii, 18-ix, 2 ; ix, 18-21 ; xii, 1-6, etc.

c) Quiconque est tant soit peu familiarisé avec la littérature prophétique est en mesure de développer cette esquisse et de donner tout le relief possible à cette partie de la démonstration de la transcendance du judaïsme. On compléterait aisément cette preuve et l'on rendrait plus sensible encore l'intervention divine, en montrant que ces enseignements et ce programme religieux ne sauraient être le fruit, en quelque sorte naturel, du génie hébreu : il suffirait de remarquer qu'en développant ces principes, les prophètes se heurtent, non seulement à la masse du peuple contrariée dans ses instincts les plus chers, mais encore aux prêtres représentants officiels de la religion, et à une foule de faux prophètes qui, eux aussi, prétendent proférer des oracles divins (1). Il ne serait pas sans intérêt non plus de comparer la religion d'Israël avec celle des autres peuples sémitiques : on verrait plus nettement encore la distance qui sépare l'œuvre du vrai Dieu de ses contrefaçons (2).

3° A mesure toutefois que nous mettons en relief la transcendance du judaïsme, nous paraissons prouver, indirectement sans doute, mais avec beaucoup de force, que, religion divine, il se suffit à lui-même, qu'il ne réclame aucun complément. Il n'en est rien.

(1) Cf. Am., VII ; Os., IV, 5-14 ; Is., XXVIII, 7-13 ; Mi., III, 5-7 ; Jér. XIX, 14-XX, 6 ; XXVI-XXIX.

(2) La comparaison serait surtout à établir entre Israël et des peuples qui, de même race que lui, avaient sensiblement les mêmes ressources naturelles pour un pareil développement d'idées religieuses. Tels les Moabites, les Ammonites, etc.

a) L'on peut aisément démontrer, en premier lieu, que ce premier essai divin présente des lacunes et postule des perfectionnements multiples. Il faut parfois se défier des apparences. Le judaïsme renferme des idées très élevées touchant les rapports avec le prochain (1); mais, ne l'oublions pas, ce prochain c'est surtout le Juif, et non l'étranger. Qui ne sait encore que, soit dans la Loi (2), soit dans une foule de cantiques liturgiques (3), soit même dans les prières du plus sympathique des prophètes (4), tout se ramène, à propos des ennemis, à la peine du talion ? Plus caractéristique encore, la contradiction qui existe entre le dogme fondamental de la religion d'Israël (5) et son organisation religieuse (6). A la base de sa croyance, l'Israélite place la foi en un Dieu unique ; et voici que tout ce qui constitue sa pratique religieuse contribue à en faire un culte simplement national. Dans une œuvre que tant de traits signalent comme divine, de pareilles lacunes témoignent que nous ne sommes qu'à un début : Celui qui conduit toutes choses avec autant de suavité que de force, se réserve d'amener, par de nouvelles interventions, ces premiers essais à leur perfection.

b) Il suffit d'ailleurs de prêter l'oreille aux décla-

(1) Cf. Deut., xxiv, 10-22. L'*étranger* dont il est question aux vers 14, 17, 19, est le *gêr*, c'est-à-dire l'étranger établi au milieu d'Israël et admis à une certaine participation à la vie naotinale.
(2) Lev., xxiv, 17-22.
(3) Ps., vii, xxviii, xxxv, liv, lv, surtout cix, etc.
(4) Jér., xi, 20, 22, 23 ; xii, 1-4 ; xx, 11-13.
(5) Cf. Deut., v, 6-10 ; vi, 4, etc.
(6) Cf. v. g. la loi de l'unité de sanctuaire, Deut., xii, 4-14.

rations des prophètes : unanimes à déclarer que l'ordre actuel n'est pas le dernier mot des rapports de l'homme avec Dieu, ils appellent eux-mêmes de leurs vœux des temps meilleurs (1) où, débarrassée des entraves actuelles et d'une foule de grossièretés éphémères, la religion groupera au pied du Dieu unique la totalité des nations, avides de lui offrir des hommages dignes de lui (2).

4° Se détachant de la religion juive, l'apologiste peut maintenant considérer le christianisme.

Il n'aura pas trop de peine à établir que, par la plupart de ses dogmes comme par le grand nombre de ses principes moraux, le christianisme plonge ses racines dans l'ancienne religion (3). Mais il lui sera plus facile encore de montrer que l'ordre ancien trouve dans l'ordre nouveau de quoi combler toutes ses lacunes (4) et satisfaire ses aspirations (5). La connaissance du Dieu unique et de ses attributs reçoit, dans la vie et la prédication de Jésus, des compléments qui arrivent à lui donner un caractère bien définitif. En même temps que disparaissent les limites qui entravaient l'expansion de l'antique religion (6), la nouvelle

(1) Cf. en particulier, Is., XI, 1-9 ; XLIX, 6 ; LII, 13-15.
(2) Is., II, 2-4.
(3) C'est ce qui explique pourquoi, dans la démonstration de nos dogmes, la preuve scripturaire commence à peu près toujours par des textes empruntés à l'Ancien Testament.
(4) Cf. v. g. dans le *Discours sur la montagne*, le parallèle entre l'ancienne Loi et la nouvelle renfermé dans Matth., v, 17-48.
(5) Cf. l'admirable synthèse de la religion chrétienne que fournit ce même *Discours sur la montagne*.
(6) Surtout par l'abrogation de la loi que saint Paul proclame dans *l'Epître aux Romains* (cf. surtout VII, 1-25).

acquiert toutes les aptitudes qui en peuvent faire la religion universelle. D'autre part, pour ne prendre qu'un exemple tiré de la morale, le précepte de l'amour des ennemis, le devoir de les considérer comme des frères dans la grande famille du Père céleste (1), relèguent bien au delà de notre horizon les antiques rigidités de la vengeance consacrées par la Loi.

On entrevoit tout ce que l'on peut tirer du parallèle entre les deux religions, pour prouver que Dieu n'a au fond manifesté qu'une seule manière de le servir ici-bas, que le judaïsme et le christianisme ne sont, en réalité, que les deux phases d'une seule et même révélation surnaturelle.

Il y a lieu de beaucoup insister sur ces préliminaires, on pourrait dire sur cette première partie de l'argument prophétique (2). Lorsqu'en effet l'on a constaté ce mouvement d'ensemble de toute la religion d'Israël vers la révélation de Jésus, les prédictions prophétiques ne font que dessiner des courants particuliers dans le flot montant qui se jette vers le rivage chrétien.

(1) Matth., v, 43-48.

(2) On pourrait aussi faire valoir un certain nombre de faits qui appartiennent à l'histoire extérieure d'Israël mais témoignent des intentions providentielles en vue de la préparation du christianisme. Tels : le choix d'une race à part pour la conservation du monothéisme : la préservation du peuple de Juda lors de l'exil babylonien ; la constitution, au sein du peuple revenu de Palestine, du groupe religieux du judaïsme, dont la mission paraît avoir été surtout de conserver le dépôt des promesses, etc.

3. *Distinctions et perspectives dans la série des prédictions.*

Arrivé au moment de prendre contact avec le détail des prédictions messianiques, l'apologiste doit enfin se préoccuper de mettre en relief certaines distinctions capitales.

1° En premier lieu, tous les éléments qui prennent place dans les descriptions relatives à la personne et à l'œuvre du Messie ne sont pas de même ordre.

a) On a vite fait de reconnaître une première série de prédictions fondamentales qui se retrouvent dans tous les oracles, que tour à tour les prophètes exposent, développent, enrichissent de nouveaux aperçus ; ce sont celles qui ont directement trait à la morale et à la religion (1). Mais à côté de ces éléments, on en découvre d'autres qui ont un caractère plus accessoire ; telles les promesses matérielles faites à Israël.

b) Seul dépositaire de la religion de Yahweh, Israël devait jouer un grand rôle dans sa diffusion. c'est par lui que le royaume de Dieu devait s'établir ; c'est lui qui devait être le missionnaire de Yahweh parmi les nations, lui qui devait conquérir les peuples à Yahweh. De là le lien très étroit qui existe, dans la prédication des prophètes, entre

(1) Os., II, 14, 15, 17, 19, 20 ; XIV, 2, 3, 5 ; Is., II, 2-4 ; IV, 2-6 ; IX, 1, 5, 6 ; XI, 1-9, etc.

le royaume de Dieu et le royaume d'Israël. C'est la capitale d'Israël qui est la capitale du royaume de Dieu, c'est vers elle qu'affluent les nations; Jérusalem est la métropole du monde conquis à Yahweh ; Israël est le centre autour duquel les nations se groupent, et c'est par Israël qu'elles arrivent au vrai Dieu (1). Le royaume de Yahweh, c'est, par plus d'un côté, le royaume d'Israël renouvelé, agrandi, englobant le monde entier, exerçant sur tout l'univers une suprématie effective.

c) On entrevoit aisément en quelle manière, autour de ces brillantes promesses spirituelles, si glorieuses pour la race élue, les promesses matérielles sont venues former comme une espèce d'enveloppe (2). Comment en effet, dans Israël même et aux diverses époques où elles furent manifestées, dégager complètement ces visions de conquêtes spirituelles et les isoler de toutes perspectives de prospérité, de renouvellement, de progrès temporels ? Dieu, qui adapte toujours son action aux milieux dans lesquels il la produit, revêtit souvent les prédictions messianiques des dehors les plus aptes à les rendre accessibles et acceptables à leurs premiers destinataires. Parlait-il au temps d'un Ézéchias, à une heure où la prospérité matérielle de Juda semblait être la récompense des vertus du souverain et de son énergie pour la réforme ? Il laissait ses interprètes

(1) Voir, plus loin, le détail des prédictions.
(2) Cf. Am., IX, 8-15 ; Os., II, 15 18, 21-23 ; Is., XI, 10-16, etc.

reporter, en les idéalisant, les descriptions des splendeurs présentes à ces temps du triomphe de Yahweh qui, à tant d'égards, apparaissait comme un triomphe d'Israël (1). Surtout parlait-il à l'époque de ces calamités qui fondaient sur le peuple choisi, particulièrement aux jours si sombres de la captivité babylonienne? Le langage de ses représentants mettait presque au même niveau les prédictions spirituelles de l'âge messianique et les assurances de la restauration temporelle après laquelle soupiraient les Juifs malheureux (2).

d) On ne saurait le nier, le lien qui existe entre ces diverses séries de prédictions est des plus étroits. Il n'en est pas moins relativement facile de mettre en relief le caractère accessoire des promesses matérielles. Certes nous ne prétendons en aucune manière qu'une telle distinction existât dans l'esprit des prophètes eux-mêmes ; comme leurs auditeurs, ils attendaient, d'une attente égale, la réalisation de tous les éléments de l'espérance qu'ils prêchaient. C'est Dieu qui, par des indices d'une inéluctable évidence, a pris soin de suggérer les distinctions que nous avons signalées. Et la grande preuve que les perspectives matérielles sont secondaires dans la grande vision messianique, c'est que parfois elle en est débarrassée ; ils font presque complètement défaut, par exemple, dans les passages fameux

(1) Cf. Is., xxix, 17-24 ; xxx, 23-26, 27-33, etc.
(2) Cf. Jér., xxx, 12-24, etc. ; Ez., xxxvi, 29-38, etc.

du *Serviteur du Yahweh* (1). Accessoires, ces éléments sont encore caducs de leur nature. A mesure que la révélation se poursuit, on entrevoit que certains éléments essentiels doivent aboutir à les éliminer. Si quelque chose est fondamental dans la prédiction prophétique, c'est l'idée de cette religion universelle qui doit grouper l'univers entier autour du Dieu d'Israël (2); or, plus que toute autre, cette idée est incompatible avec les descriptions qui donnent tant d'importance au particularisme juif, comme avec un programme de culte trop étroitement rivé au sanctuaire de Jérusalem (3).

e) Cette distinction est importante, car elle renferme la solution d'une des difficultés les plus souvent alléguées contre l'argument prophétique. Elle explique que, prises en leur réalité brutale et autrement que comme enveloppe caduque des promesses d'ordre moral et religieux, certaines prophéties ne se soient pas accomplies à la lettre : Israël n'a pas connu les triomphes temporels que lui annonçaient ses prophètes; loin d'être la nation souveraine, dont toutes les autres reconnaîtraient la suprématie, il n'est plus qu'une épave que les peuples se renvoient les uns aux autres. Tout cela est vrai ; mais tout cela s'explique sans qu'il faille rien sacrifier du grand argument traditionnel.

2° A côté de ces distinctions, l'apologiste doit

(1) Is., XLII, 1-4 ; XLIX, 1-6 ; L, 4-9 ; LII, 13-LIII, 12.
(2) Voir, plus loin, le détail des prédictions.
(3) Tel, Ez., XL-XLVIII.

signaler certaines imperfections de la vision prophétique.

A l'époque où les voyants prononçaient leurs oracles, l'œuvre messianique apparaissait comme devant comporter trois séries d'interventions divines.

La plupart des hommes de l'Esprit ont vu le peuple choisi chargé d'iniquités, digne en conséquence de tous les châtiments, s'il ne les subissait déjà. Pour qu'Israël pût accomplir son œuvre et sa mission, il fallait donc que, l'ayant purifié par l'épreuve, Yahweh le sauvât et le ramenât à la vie (1). Ce fut pour beaucoup de prophètes la première étape de l'avenir messianique : étape tout à fait préliminaire et préparatoire.

La grande œuvre de Dieu devait être l'instauration de son règne, la conquête des nations, l'épanouissement de la justice et de la paix. Tout cela devait se réaliser d'abord ici-bas, d'une façon progressive, sans heurts ni secousses, sans qu'aucune commotion violente vînt bouleverser l'ordre actuel de l'univers (2). Mais tout cela n'était encore qu'un commencement et devait comporter nombre d'imperfections et beaucoup de retours en arrière.

Aussi les prophètes entrevirent-ils quelque chose de plus définitif : de grands bouleversements mettraient fin à l'ordre actuel du monde et au temps présent ; puis, sur une nouvelle terre et

(1) Cf. Am., IX, 8-15 ; Os., XIV ; Jér., XXX-XXXIII ; Ez., XXXIII-XXXVII, etc.
(2) Cf. Is., II, 1-4 ; IV, 2-6 ; IX, 1-9.

sous de nouveaux cieux, un ordre de choses entièrement nouveau serait établi, ayant pour note principale le triomphe complet, unanime et éternel de Yahweh (1).

Il ne fut pas donné à la plupart des prophètes de saisir avec exactitude les rapports chronologiques qui devaient exister entre ces divers tableaux. A plusieurs d'entre eux tout apparut sur un même plan ; c'était l'événement qui devait manifester quelles distances immenses pouvaient séparer ces divers horizons. Il ne faut pas croire toutefois que ces divisions de plans et de perspectives soient subjectives, et qu'à la lumière des événements, nous les introduisions nous-mêmes dans des tableaux prophétiques qui ne les comportaient pas. Ici encore il faut reconnaître que les prophètes n'en ont su ni plus ni moins qu'ils n'ont dit. Mais il faut reconnaître aussi que Dieu, l'inspirateur des prophètes, a veillé à écarter toute méprise. Pour bien montrer que tous ces points de vue ne se confondaient pas, il n'en a souvent manifesté qu'un seul à ses divers interprètes; plus d'une vision messianique est indépendante de toute perspective de restauration nationale (2); au

(1) Cf. Is., XXIV-XXVII. Cette série d'idées reçoit les plus amples développements dans les apocalypses apocryphes des derniers siècles antérieurs à l'ère chrétienne, v. g., dans le *Livre d'Enoch*.

(2) Telles en particulier celles qui figurent dans les écrits des prophètes vivant à des périodes de prospérité et dans lesquelles la religion était constamment observée : c'est le cas de Isaïe et Michée. Dieu a pu manifester, en ces circonstances, des visions de châtiments temporaires (Is., I) ; il n'a pas généralement prédit la ruine de la nation ; en conséquence, il n'a point fait envisager la restauration nationale au premier plan de l'œuvre messianique ; cf. v. g. Is., II, 2-4, XI, 1-9. Comme on l'a déjà dit, Is. XL-LXVI ne s'adresse pas aux contemporains du fils d'Amos.

plus grand nombre des prophètes, Dieu n'a rien révélé des perspectives eschatologiques. En d'autres cas, il a fait entrevoir d'une façon précise les deux actes principaux de l'œuvre divine : celle de l'inauguration du triomphe et celle de sa consommation (1). Nous sommes donc fondés à traiter d'imparfaites ces vues qui confondent les diverses interventions divines, puis à les dégager les unes des autres pour préciser en quelle manière elles devaient se réaliser.

4. *Les prédictions et leur réalisation.*

Si les préliminaires ont été longs, au moins auront-ils eu l'avantage de faciliter singulièrement la dernière solution du problème. Elle consistera, selon un procédé bien traditionnel, à établir un parallèle entre les promesses essentielles et la réalité. Non qu'il s'agisse de reproduire tous les textes qui renferment des annonces messianiques et de voir en quelle manière ils se sont accomplis. Nous nous bornerons, selon l'objet de notre travail, à esquisser le plan à adopter, à indiquer la méthode à suivre.

1° Il est tout d'abord un fait d'ensemble dont l'évidence lumineuse projette beaucoup de clartés sur tout le reste.

a) Les prophètes à l'unanimité ont eu la conviction et prédit avec la dernière confiance que le

(1) Cf. Ez., XXXVIII, XXXIX.

monothéisme serait un jour la religion universelle. Cette vision de l'avenir n'a jamais eu pour eux le caractère d'une conclusion déduite de prémisses et de raisonnements philosophiques ; ce fut une intuition à laquelle ils reconnurent, comme aux révélations les plus caractéristiques dont ils étaient favorisés, une origine toute surnaturelle, toute divine.

Aussi bien, s'ils proclamaient cette prédiction au nom de Yahweh, avaient-ils grand soin de préciser que le monothéisme dont les destinées devaient être si brillantes n'était autre que la religion de Yahweh, du Dieu d'Israël lui-même. C'était Yahweh que toutes les nations devaient reconnaître, par lequel elles devaient être vaincues, subjuguées, captivées : c'est à la loi de Yahweh qu'elles devaient être assujetties.

b)Non seulement le Dieu d'Israël devait devenir le Dieu de toutes les nations ; mais c'est par Israël même que le monothéisme était appelé à se propager. Tantôt les prophètes nous montrent les nations affluant vers Israël ; elles se joignent à lui pour former avec lui le royaume de Yahweh (1) ; elles accourent offrir des présents et des tributs en sa capitale, qui est la demeure par excellence du vrai Dieu (2) ; elles y viennent, avides d'en rapporter des directions, une connaissance plus parfaite de la loi qui doit les régir (3). Et de Jérusalem devenue la métropole du monde,

(1) Cf. Is., XIX, 23-25.
(2) Cf. Is., XVIII, 7; XXIII 15-18.
(3) Cf. Is., II, 1-4.

Yahweh étend son sceptre sur tous les peuples, les jugeant, faisant disparaître les conflits et leur assurant à jamais la paix (1). D'autres fois c'est le Dieu d'Israël qui va au-devant des nations et marche à leur conquête. Aux yeux des plus grandes, il procure avec une telle force la délivrance de son peuple en exil, qu'elles ne peuvent manquer de reconnaître sa puissance (2) et d'entraîner à leur suite des multitudes d'adorateurs (3). Mais Yahweh peut aussi se décharger sur Israël d'une part de cette action conquérante; il le charge d'être l'intermédiaire d'une alliance avec les nations ; il l'appelle à devenir la lumière du monde. Bien plus il choisit, en son sein et quelquefois contre son gré, des apôtres qui doivent aller au loin porter la bonne nouvelle de la conversion et du salut (5).

c) Telles étaient, sur ces points fondamentaux, les convictions et les prédictions des prophètes. Et l'on sait avec quelle force elles se sont réalisées. Ce qui distingue aujourd'hui les nations civilisées des peuples barbares, c'est la croyance monothéiste. Ce que l'on sait encore, c'est que ces trois formes sous lesquelles ils se présente : judaïsme, christianisme, islamisme, la première s'est entourée de toutes les restrictions capables de l'enserrer dans les limites d'une seule race ; la

(1) *Ibid.*
(2) Is., XLV, 18-25.
(3) Is., XLIV, 1-5 ; XLV, 14.
(4) Is., XLII, 7-9.
(5) C'est cette idée qui se fait jour d'une façon très nette dans le livre de Jonas.

troisième a marqué un terrible retour en arrière ; seul le christianisme a gardé du Dieu unique la conception capable d'en faire le Dieu de tous les peuples avides de progrès moral. Ce que l'on sait enfin, c'est que le monothéisme universel, tel que nous le voyons sous nos yeux, n'est en aucune manière le fruit de spéculations philosophiques ; le Dieu que tous les peuples vénèrent, c'est le Dieu de Jérusalem, le Dieu que jadis les Israélites adoraient au mont Sion, le Dieu que les prophètes ont prêché, le Dieu dont un groupe de Juifs a entrepris de porter le nom aux quatre coins de l'univers.

2º Mais pénétrons dans l'intime de ce royaume du vrai Dieu et voyons à quelles conditions l'on y est admis. Les prophètes ne se sont exprimés à ce sujet qu'en termes généraux lorsqu'il s'agissait des nations païennes. Mais ils n'ont pas hésité à entrer dans les détails à propos du peuple élu qui devait assurer la conquête, devenir le centre du royaume, et, par son exemple comme par ses leçons, enseigner aux peuples la voie à suivre.

a) C'est un dogme fondamental dans les prédictions des prophètes comme dans leurs prédications, que l'appartenance à Yahweh n'est pas un titre tout extrinsèque, de même qu'elle ne saurait se manifester par des signes purement extérieurs. Ce fut l'un des griefs que les prophètes firent le plus souvent entendre dans leurs récriminations contre Israël : peuple infidèle, il honorait Dieu du bout des lèvres, tandis que son cœur s'en tenait éloigné (1). Il n'en pouvait aller de la sorte dans le futur royaume : avant d'y jouer le rôle auquel il était convié, Israël devait être entièrement transformé. Et les prophètes décrivaient avec la plus grande sollicitude la part de Dieu et la part de l'homme en ce travail. C'était Dieu lui-même qui, poussé par son amour (2), prenait pitié de son peuple et, désireux de lui faire miséricorde (3), se mettait à sa recherche et allait au-devant de lui (4). Israël, de son côté, renonçait à ses égarements, se tournait vers son Dieu ; il confessait ses erreurs passées et se décidait à mettre pour toujours sa confiance en son créateur (5). A ces conditions, Yahweh oubliait les iniquités passées, faisait trêve à sa colère (6). Il se mettait en devoir de guérir la maladie de son peuple (7). Bien plus, il voulait reprendre par la base l'œuvre de sa reconstitution (8). Elle comportait d'abord tout un travail de purification : Yahweh faisait l'aspersion d'eaux pures et lavait Israël de ses souillures (9) ; il lui donnait un cœur nouveau, entièrement docile à ses exigences (10). Il lui envoyait son esprit afin que ces merveilleuses transformations fussent accomplies d'une manière plus complète à la fois et plus durable (11).

(1) Is., XXIX, 13 ; cf. Is., I, 10-17 ; Am., V, 21-24.
(2) Cf. Os., XI, 8, 9.
(3) Is., XXX, 18.
(4) Os., II, 6 ; XIV, 2.
(5) Os., II, 7 ; XIV, 3, 4.
(6) Os., XIV, 5.
(7) *Ibid.*
(8) Os., II, 14, 15.
(9) Is., IV, 4 ; Ez., XXXVI, 25.
(10) Ez., XI, 19, 20 ; XXXVI, 26.
(11) Is., IV, 4 ; Ez., XXXVI, 27.

Alors Dieu se plaisait à habiter au milieu des siens, à les protéger (1), à les combler de ses faveurs, à les exaucer dans leurs prières, à les consoler dans leurs tristesses, à les préserver pour l'avenir de tout retour en arrière (2). Dans plus d'un prophète, ces perspectives étaient développées en faveur du peuple considéré comme un tout moral (3); mais les prédictions de Jérémie (4) et d'Ezéchiel (5) prirent un caractère nettement individualiste; détaché des limites du royaume ancien, le royaume futur apparaissait déjà comme ouvert aux seules âmes sincèrement désireuses de suivre la loi divine. Le terme de tout ce travail, dans lequel se compénétraient l'effort de l'homme et l'action de Dieu, était en de sublimes épousailles fondées sur la justice, la grâce, la tendresse et une éternelle fidélité (6). C'était une alliance, non plus telle que l'alliance ancienne dans laquelle Dieu traitait d'une façon tout extérieure avec le peuple entier, mais une alliance tout intime de Dieu avec l'âme au dedans de laquelle il écrivait sa loi (7).

b) En écrivant ces lignes, on se demande instinctivement si l'on juxtapose des textes de l'Ancien Testament ou si déjà l'on ne parle pas le langage du Nouveau : tant il y a de ressemblances, d'iden-

(1) Is., IV, 5, 6.
(2) Is. XXX, 19-22.
(3) C'est ce qui arrive, en général, avec les oracles prophétiques du VIIIe siècle, ceux d'Osée et d'Isaïe par exemple.
(4) Jér., XXXI, 29, 30.
(5) Ez., XVIII; XXXIII, 1-20.
(6) Os., II, 19, 20.
(7) Jér., XXXI, 31-34.

tités, entre le programme que les prophètes développaient et celui que les premiers propagateurs du christianisme (1) ont fait adopter par tous ceux qui ont prêté l'oreille à leur parole ! Aux Juifs qui les écoutaient et qui devaient transmettre leurs enseignements aux Gentils, ils ont crié que le royaume de Dieu était proche (2), que la grâce et la miséricorde divine avaient fait leur apparition sur la terre (3) ; ils ont proclamé la nécessité de la pénitence, de la conversion, du renoncement aux convoitises du siècle qui jadis les avaient égarés (4) ; ils ont montré les richesses et les efficacités de l'Esprit divin qui devait les transformer et les rendre agréables au Père céleste (5). Et les Juifs avides de justice et de vérité ont accepté ce programme ; ils se sont séparés de ceux qui ne voulaient pas entendre les oracles de salut. Puis, à leur tour, ils sont allés annoncer la bonne nouvelle au milieu des nations ; et de toutes les âmes qui consentaient à le recevoir, ils ont peu à peu formé le royaume de Dieu. De ce nouveau point de vue, la réalité s'est montrée conforme aux prédictions des antiques voyants.

3° Si jusqu'ici nous ne parlons que du royaume, c'est qu'il tient la plus grande place dans les prédictions des anciens prophètes.

(1) Pour le moment, nous groupons dans une commune appellation Jésus-Christ, les Apôtres et tous ceux qui collaborèrent à la première prédication de l'Evangile.
(2) Marc, I, 15.
(3) Tit., II, 11, 12 ; III, 4.
(4) Matth., III, 7-12 ; Marc, I, 15 ; Tit. II, 12.
(5) Jean, XVI, 5-15.

a) Le plus souvent c'est Dieu lui-même qui agit en souverain (1). Mais, en des oracles très caractéristiques, on voit qu'il gouvernera dans le royaume futur, ainsi que dans l'ancien, par l'intermédiaire d'un représentant. Représentant à la vérité, au sens strict de ce mot, n'ayant d'autre rôle que d'extérioriser Dieu lui-même (2)!

De ce souverain futur les prophètes se plaisent à décrire les origines, les titres et les qualités, les fonctions. Ses origines remontent aux temps les plus anciens (3), soit qu'on le considère comme préexistant dans le sein de Dieu, soit qu'on fasse allusion à l'antiquité de sa race terrestre. A ce dernier point de vue, les prophètes n'ont qu'une voix pour dire qu'il sera de naissance davidique (4). Bethléem recevra de sa venue un nouvel éclat (5). Comme les rois israélites, il sera appelé fils de Dieu (6), sans qu'apparemment les auteurs inspirés qui le lui attribuent aient une idée très claire du sens profond et dernier de ce titre. Toutefois, roi par excellence, il sera aussi Fils de Dieu par excellence, à ce point pénétré d'influence divine qu'on n'hésitera pas à lui donner l'épithète saisissante de Dieu fort (7). C'est que, bien plus abondamment qu'aux autres membres du royaume, Yahweh lui communiquera son

(1) Am., IX, 8-15 ; Os., II, XIV ; Is., II, 2-4, IV, 2-6, etc.
(2) Ez., XXXIV, 23, 24.
(3) Mi., V, 1.
(4) Am., IX, 11, 12 ; Os., III, 5 ; Is., XI, 1 ; Jér., XXIII, 5 ; XXXIII, 14-17 ; Ez., XXXIV, 23, 24.
(5) Mi., V, 1.
(6) Ps. II, 7.
(7) Is., IX, 5.

Esprit, le fera reposer, demeurer en lui, dans toute sa plénitude et avec toute la richesse de ses dons et de ses multiples efficacités (1). Les prophètes signalent de préférence celles qui sont en rapport avec les fonctions du Messie. L'une des principales missions du souverain, c'est de juger son peuple ; les dons de l'Esprit de Dieu tendront à faire du Messie le juge idéal, entouré de la justice et de l'équité comme d'une ceinture, poursuivant partout l'iniquité (2). Fort de ces dons divins, il se mettra à l'œuvre, inaugurera l'ordre nouveau et méritera d'être appelé le père des âges à venir (3). Il instaurera ce règne de la justice et de la paix qu'Isaïe avait dépeint en traits si magnifiques (4). Sur lui reposeront, d'un seul mot, toutes les attentes de l'âge messianique.

b) Or l'on sait ce qui advint. A une époque où les espérances étaient plus vives et les impatiences plus grandes que jamais, un descendant de David, rejeton ignoré d'une race déchue, annonça que la plénitude des temps était arrivée. Bien plus, il déclara que son Père, en qui il était dès le commencement, le poussait avec une force invincible à réaliser les antiques promesses du salut d'Israël et des nations. Il se mit à l'œuvre, choisit des disciples et commença de prêcher la bonne nouvelle. Son succès fut tel que, partout où le Dieu des Juifs fut annoncé, on salua Jésus de Nazareth

(1) Is., XI 2.
(2) Is., XI, 3-5.
(3) Is., IX, 5.
(4) Is., XI, 6-9 ; cf. II, 4.

comme le libérateur qui, aux malheureux, assis dans les ténèbres, avait apporté la lumière et la consolation (1). Partout où le monothéisme, sortant d'Israël, réussit à faire des adeptes, il s'appela le christianisme. Du royaume de Dieu, le souverain invisible et éternel fut Jésus (2).

4° Nous disions plus haut que les prophètes avaient souvent présenté sur un même plan les diverses phases de l'œuvre divine. On ne saurait demander à ceux qui se pénétraient de leurs écrits d'y avoir introduit plus de précision qu'ils n'y en avaient mis eux-mêmes. De fait, au temps où parut Notre-Seigneur, les Juifs ne séparaient guère les attentes spirituelles des espérances de restauration nationale (3) ; beaucoup même, nourris des rêveries apocalyptiques (4), croyaient toucher à la fin des temps, au renouvellement du monde, au triomphe final. Monarque du royaume juif revenu à son antique splendeur, instaurateur du règne de Dieu parmi les nations, et en même temps consommateur du royaume éternel, le Messie devait être tout cela à la fois. On n'oubliait qu'une seule chose : on négligeait cette page unique de l'Ancien Testament, peu faite, il est vrai, pour flatter l'orgueil national, mais pleine des

(1) Cf. Is., IX, 1.
(2) I Tim., I, 17.
(3) Cf. v. g. *Psalm. Sal.*, XVII.
(4) Cf. les diverses formes de l'espérance messianique dans le *Livre d'Enoch*. On les trouvera exposées avec beaucoup de précision dans l'*Introduction* que M. François Martin a placée en tête de la traduction qu'il a donnée de cet apocryphe, si remarquable et si important.

plus sublimes mystères, cette page où le Messie apparaissait, non plus comme un souverain glorieux, mais comme le Serviteur de Yahweh, conquérant les membres du futur royaume par son apostolat (1) et, par sa mort ignominieuse, les délivrant de leurs péchés, opérant l'œuvre de leur réconciliation avec Dieu (2).

Tel fut pourtant le programme que réalisa Jésus. Renonçant à la royauté terrestre (3), remettant au jour de son second avènement la consommation de l'œuvre divine (4), c'est en apôtre qu'il entreprit de gagner les âmes à la bonne nouvelle (5). Puis, l'heure venue, il accepta la mort sur la croix comme le suprême moyen de procurer le rachat de l'humanité (6). Et la folie de la croix conquit le monde à Yahweh ; partout où s'éleva un autel en l'honneur du Dieu d'Israël, devenu le Dieu de tout l'univers, il apparut surmonté de ce signe auguste du salut.

(1) Is., XLII, 1-4 ; XLIX, 1-6.
(2) Is., L, 4-9 ; LII, 13-LIII, 12.
(3) Cf. Jean, XVIII, 36.
(4) Marc, XIV, 62.
(5) Luc, IV, 18, 19.
(6) Marc, XIV, 32-42.

Conclusions.

Cette esquisse nous apparaît suffisante pour prouver qu'en présence des exigences de la critique contemporaine, on peut encore exposer le vieil argument des prédictions messianiques réalisées en la personne et en l'œuvre de Jésus de Nazareth. Aujourd'hui comme par le passé, il mettra en relief la puissance du Dieu qui peut ainsi régler à l'avance tous les mouvements du monde et de l'histoire. Aujourd'hui comme par le passé, il témoignera que la religion en faveur de laquelle ce Dieu tout-puissant accomplit de pareilles merveilles, est la seule qui lui soit véritablement agréable. Prenant place à côté des autres preuves, s'adressant de préférence aux esprits d'une certaine culture, il aura sa force propre pour établir que, parmi les religions positives, le christianisme a seul le droit de se réclamer d'une origine divine.

TABLE DES MATIÈRES

317-09 — Imprimerie des Orphelins-Apprentis, F. Blétit, 40, rue La Fontaine, Paris-Auteuil.

CARDINAL NEWMAN

Le Développement du Dogme chrétien, par Henri Bremond, lettre-préface de Sa Grandeur Monseigneur Mignot, arch. d'Albi. 1 vol. in-16. 7e édit. **3** fr.
Ouvrage couronné par l'Académie française

La Psychologie de la Foi. 1 vol. in-16. 5e édition. **3** fr. **50**
Ouvrage couronné par l'Académie française.

La Vie Chrétienne, 1 vol. in-16. 5e édition... **3** fr. **50**
Ouvrage couronné par l'Académie française.

Grammaire de l'Assentiment. Traduction française par M. Gaston Paris. 1 vol. in-8. 2e édition. **6** francs
Ouvrage couronné par l'Académie française.

Saints d'Autrefois. Ouvrage traduit de l'anglais par X. Introduction de Henri Bremond. Un beau vol. gr. in-16. **4** francs

Bremond (Henri. — **Newman,** *Essai de biographie psychologique.* 1 vol. in-16 de 428 pages 3e édit. **3** fr. **50**
Ouvrage couronné par l'Académie française (Prix Juteau-Desvigneaux (1906).

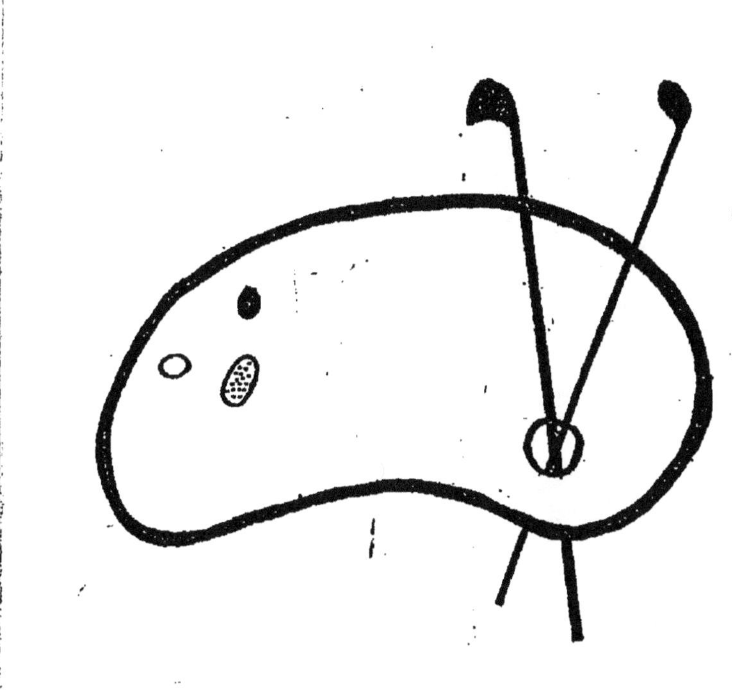

www.ingramcontent.com/pod-product-compliance
Lightning Source LLC
LaVergne TN
LVHW010038230826
846091LV00005B/1764

* 9 7 8 2 0 1 2 8 3 7 2 5 6 *